BEI GRIN MACHT SICH IHR
WISSEN BEZAHLT

- Wir veröffentlichen Ihre Hausarbeit,
  Bachelor- und Masterarbeit

- Ihr eigenes eBook und Buch -
  weltweit in allen wichtigen Shops

- Verdienen Sie an jedem Verkauf

Jetzt bei www.GRIN.com hochladen
und kostenlos publizieren

GRIN

Trainingsplanung eines Krafttrainings. Planung eines Makrozyklus

Michael Hermann

Bibliografische Information der Deutschen Nationalbibliothek:

Die Deutsche Nationalbibliothek verzeichnet diese Publikation in der Deutschen Nationalbibliografie; detaillierte bibliografische Daten sind im Internet über http://dnb.d-nb.de abrufbar.

ISBN: 9783346269683
Dieses Buch ist auch als E-Book erhältlich.

© GRIN Publishing GmbH
Nymphenburger Straße 86
80636 München

Druck und Bindung: Books on Demand GmbH, Norderstedt Germany
Gedruckt auf säurefreiem Papier aus verantwortungsvollen Quellen

Das vorliegende Werk wurde sorgfältig erarbeitet. Dennoch übernehmen Autoren und Verlag für die Richtigkeit von Angaben, Hinweisen, Links und Ratschlägen sowie eventuelle Druckfehler keine Haftung.

Das Buch bei GRIN: https://www.grin.com/document/936482

Deutsche Hochschule für
Prävention und Gesundheitsmanagement

Einsendeaufgabe

Fachmodul:	Trainingslehre 1
Studiengang:	Gesundheitsmanagement
Name, Vorname:	Hermann, Michael

Inhalt

1 DIAGNOSE **3**

1.1 Allgemeine und biometrische Daten 3
  1.1.1 Datensammlung des Probanden 3
  1.1.2 Bewertung des Blutdrucks 4
  1.1.3 Bewertung der fettfreien Masse 4
  1.1.4 Bewertung des allgemeinen Gesundheitszustands 5

1.2 Krafttestung anhand des Mehrwiederholungskrafttests (X-RM-Test) **5**
  1.2.1 Begründung der Auswahl des Testverfahrens 5
  1.2.2 Beschreibung des Testablaufs 5
  1.2.3 Darstellung der Testergebnisse 7
  1.2.4 Schlussfolgerung für den weiteren Trainingsverlauf 7

2 ZIELSETZUNG / PROGNOSE **8**

3 TRAININGSPLANUNG MAKROZYKLUS **9**

3.1 Darstellung des Makrozyklus 9

3.2 Begründung der Trainingsmethoden 9

3.3 Begründung der Belastungsparameter 10
  3.3.1 Grobraster zur Trainingsplanung (ILB-Methode) 10
  3.3.2 Belastungshäufigkeit 10
  3.3.3 Belastungsintensität 11
  3.3.4 Belastungsumfang 11
  3.3.5 Belastungsdichte 11

3.4 Begründung der Organisationsform 12

3.5 Begründung der Periodisierung 12

4 TRAININGSPLANUNG MESOZYKLUS **13**

4.1 Darstellung des Mesozyklus mit Übungsauswahl 13

4.2 Begründung der Übungsauswahl 14

5 EFFEKTE DES KRAFTTRAININGS BEI RÜCKENBESCHWERDEN **17**

5.1 Studiendarstellung 17

6 LITERATURVERZEICHNIS **19**

7 TABELLENVERZEICHNIS **21**

1 Diagnose

1.1 Allgemeine und biometrische Daten

1.1.1 Datensammlung des Probanden

In der folgenden Tabelle werden die allgemeinen und biometrischen Daten des Kunden gelistet. Die umfassende Datensammlung im Rahmen der Diagnose dient einer objektiven Beurteilung der Leistungsfähigkeit sowie des aktuellen Gesundheitszustands des Trainierenden. In Folge dessen können Maßnahmen im Rahmen der Trainingsplanung individuell ergriffen und angepasst werden.

Tab. 1: Allgemeine und biometrische Daten des Trainierenden (eigene Darstellung)

	Proband
Allgemeine Daten:	
1. **Alter**	1. 43 Jahre
2. **Geschlecht**	2. Männlich
3. **Körpergröße**	3. 184 cm
4. **Körpergewicht**	4. 85 kg
Beruf	Architekt
Trainingsmotive, Wünsche	1. Sportliches äußeres Erscheinungsbild
	2. Kraftzunahme
	3. Reduzierung der Rückenschmerzen (Bereich: LWS)
Zeitbudget	Drei Abende in der Woche (Montag, Mittwoch, Samstag); ab 18.30 Uhr
Sportliche Vorgeschichte	Bis zum 26. Lebensjahr aktiv in einem Handballverein tätig gewesen (4 Einheiten pro Woche auf mittlerem Leistungsniveau), seitdem unregelmäßige sportliche Aktivitäten wie Wanderurlaub (2 Wochen im Jahr), sonstige sportliche Aktivitäten ca. 2 Tage im Monat (Schwimmen, Radfahren, Freizeitfußball, etc.), betreibt seit ca. 8 Wochen unspezifisches Krafttraining in einem Fitness-Studio
Blutdruck	Systolischer Blutdruck: 127 mmHg
	Diastolischer Blutdruck: 83 mmHg
Fettfreie Masse (FFMI)	61,2 kg (18)
Allgemeiner Gesundheitszustand	Guter allgemeiner Gesundheitszustand. Leichte Rückenschmerzen im Bereich der Lendenwirbelsäule
Medikamente	Keine regelmäßige Einnahme von Medikamenten

1.1.2 Bewertung des Blutdrucks

Tab. 2: Blutdruckklassifikationen modifiziert nach Mancia et al. (2013, S. 1286)

Bewertungsstufen	Systolischer Blutdruck	Diastolischer Blutdruck
Optimal	< 120 mmHg	< 80 mmHg
Normal	< 130 mmHg	< 85 mmHg
Hochnormal	130-139 mmHg	85-89 mmHg
Hypertonie Stufe 1	140-159 mmHg	90-99 mmHg
Hypertonie Stufe 2	160-179 mmHg	100-109 mmHg
Hypertonie Stufe 3	> 180 mmHg	> 110 mmHg

Folgt man Niebauer (2015), kann Kraftsport bei arterieller Hypertonie eingeschränkt ausgeführt werden (S.160). Ein Unterlassen des Kraftsports ist ab Stufe 3 der Hypertonie ratsam (ACSM, 2014, S. 298). Der Tabelle 1 ist zu entnehmen, dass der Blutdruck des Kunden bei 127/83 mmHg liegt. Betrachtet man nun die Normwerte aus Tabelle zwei, ist ersichtlich, dass der Blutdruck des Trainierenden als normal einzustufen ist. Ein Krafttraining kann also hinsichtlich des Blutdrucks ohne Probleme durchgeführt werden.

1.1.3 Bewertung der fettfreien Masse

Tab. 3: Interpretation der FFMI Werte nach Schutz, Kyle & Pichard (2002)

	Mann
sehr wenig Muskelmasse	< 18
wenig Muskelmasse	18
normal muskulös	19-20
überdurchschnittlich muskulös	21-22
sehr muskulös	23-24
Obergrenze des natürlichen Muskelaufbaus	25

In der Eingangsuntersuchung wurde beim Probanden der Fettfreie-Masse-Index (FFMI) berechnet. Vergleicht man diesen mit den Normwerten aus Tabelle drei, ist festzustellen, dass der Proband mit einem Wert von 18 (61,2 kg) in die Kategorie „wenig Muskelmasse" eingeteilt werden kann.

1.1.4 Bewertung des allgemeinen Gesundheitszustands

Die im Vorfeld durchgeführte Untersuchung durch den Hausarzt ergab keine speziellen Risikofaktoren, keine chronischen und akuten Erkrankungen sowie keine gesundheitlichen Einschränkungen. Die Leistungsfähigkeit im Alltag sowie das körperliche Befinden sind gut, jedoch fühlt sich der Trainierende nicht fit. Der leichte Schmerz im unteren Bereich des Rückens (LWS) ist wahrscheinlich auf eine schwache Muskulatur aufgrund eines Bewegungsmangels zurückzuführen. Eine regelmäßige Einnahme von Medikamenten liegt nicht vor. Somit ist davon auszugehen, dass der Proband in vollem Maße trainingsfähig ist.

1.2 Krafttestung anhand des Mehrwiederholungskrafttests (X-RM-Test)

1.2.1 Begründung der Auswahl des Testverfahrens

Zur Auswahl stehen drei gerätegestützte Krafttestungsverfahren. Der Maximalkrafttest (1-RM-Test), der Mehrwiederholungskrafttest (X-RM-Test) sowie eine Intensitätsbestimmung über das subjektive Belastungsempfinden. Da die Testperson bisher keine beziehungsweise nur geringe Erfahrungen im Krafttraining mitbringt, ist von einem Krafttest mit hoher mechanischer und psychischer Belastung abzuraten (1-RM-Test). Dadurch werden die Verletzungsgefahr und die Gefahr einer frühen Demotivation minimiert. Bei einem Krafttest anhand des subjektiven Empfindens ist die Gefahr einer Über- oder Unterforderung aufgrund von Fehleinschätzungen vor allem bei Trainingseinsteigern groß, auch wenn der Proband bereits acht Wochen unspezifisch trainiert. Um die im Vorfeld aufgeführten Störfaktoren größtmöglich auszuschließen, ist die Auswahl des Mehrwiederholungskrafttestes sinnvoll. Hier wird das maximal bewältigbare Gewicht für eine im Vorhinein festgelegte Wiederholungsanzahl bestimmt.

1.2.2 Beschreibung des Testablaufs

Da der Kunde im Eingangsgespräch bereits die für ihn möglichen Trainingszeiten angegeben hat, wird der Krafttest an einem Abend (ca. gegen 18.30 Uhr) durchgeführt. Ziel dahinter ist es, den Test unter den gleichen Bedingungen durchzuführen, die im folgenden Training ebenfalls gegeben sind.

Der methodische Ablauf eines X-RM-Tests beginnt mit dem Aufwärmen, das sich wiederum in einen allgemeinen und einen speziellen Teil untergliedert. Mit dem sogenannten

Warm-up werden unteranderem das Herz-Kreislaufsystem mobilisiert, die Körpertemperatur erhöht, Verletzungen vorgebeugt und es dient der Konzentration und Motivation. Der Trainierende beginnt mit einem kurzen allgemeinen Aufwärmen von ca. fünf bis zehn Minuten Radfahren. Die Belastungsintensität soll hier bei einer Herzfrequenz von 117 Schlägen pro Minute (160 Schläge pro Minute abzüglich Lebensalter) konstant gehalten werden. Das Aufwärmen ist dem aktuellen Leistungsstand des Kunden angepasst und führt zu keiner vorzeitigen Funktionsermüdung. Im Anschluss folgt der spezielle Aufwärmteil, der der Erwärmung und Vorbereitung der betroffenen Muskelgruppen sowie Gelenkstrukturen auf die folgende Trainingseinheit dient. Nach Beenden der Aufwärmphase werden insgesamt maximal drei Testsätze pro Übung durchgeführt. Hier wird anhand von ausgewählten Übungen am Gerät das maximal konzentrisch bewältigbare Gewicht für 20 Wiederholungen bestimmt (20-RM-Test). Wird im ersten Satz ein zu geringes Gewicht ausgewählt, so wird in den darauffolgenden Testsätzen eine Steigerung der Gewichtlast um 5 %, 10 % oder 25 %, je nach subjektivem Belastungsempfinden des Kunden, durchgeführt. Die Gewichtsbestimmung im ersten Trainingssatz orientiert sich grob an dem Testablaufschema des X-RM-Tests nach Zimmer (1999, S. 45-47) sowie an Erfahrungswerten des Trainers. Zwischen den Testsätzen plant der Trainer 90 - 120 Sekunden Pause ein. Das Maximalgewicht ist dann definiert, wenn der Kunde bei einer technisch korrekten Durchführung die festgelegte Wiederholungszahl nicht mehr überschreitet und es zu keiner Unterschreitung kommt. Als letzten Schritt können die Testergebnisse in die Trainingsplanung integriert werden.

1.2.3 Darstellung der Testergebnisse

Tab. 4: Mehrwiederholungskrafttest des Kunden (eigene Darstellung)

Mehrwiederholungskrafttest – 20-RM-Test					
	Wiederho-lungsanzahl	Testsatz 1:	Testsatz 2:	Testsatz 3:	Endge-wicht
• Beinpresse sitzend	20	60 kg	70 kg	80 kg	80 kg
• Kurzhantel-Schrägbank-drücken	20	12 kg	16 kg	---	16 kg (Gesamt-gewicht)
• Brustpresse horizontal	20	15 kg	20 kg	22,5 kg	22,5 kg
• Latzug verti-kal	20	20 kg	25 kg	30 kg	30 kg
• Rudern hori-zontal an der Maschine	20	15 kg	20 kg	25 kg	25 kg
• Rumpfexten-sion Maschine	20	25 kg	30kg	---	30 kg
• Rumpfflexion Maschine	20	15 kg	20 kg	22,5 kg	22,5 kg

1.2.4 Schlussfolgerung für den weiteren Trainingsverlauf

Da viele Einflussfaktoren beziehungsweise Störgrößen wie beispielsweise das Alter, Geschlecht und der individuelle Leistungszustand einwirken, existieren keine Norm-/Referenzwerte zur Vergleichbarkeit des Maximalkraftniveaus. Der Mehrwiederholungskrafttest ist durchaus ein mögliches Instrument, um einen intraindividuellen Leistungsvergleich durchzuführen, solange die Testrahmenbedingungen konsequent und exakt standardisiert werden. Des Weiteren ist der X-RM-Test für die Intensitätsbestimmung der angesetzten Übungen für den folgenden Mesozyklus von Vorteil, da mit der errechneten konzentrischen Maximalkraft für die festgelegte Wiederholungszahl trainiert werden kann. Nach Abschluss dieses Zyklus kann der X-RM-Test erneut durchgeführt werden, um ein optimales Trainingsgewicht für den darauffolgenden Mesozyklus zu ermitteln.

2 Zielsetzung / Prognose

In dem zu Beginn durchgeführten Eingangsgespräch wurden die Trainingsmotive und Wünsche der Zielperson angesprochen und festgehalten. Hierbei liegt der primäre Fokus auf einer Verbesserung des sportlichen Erscheinungsbildes, einer Kraftsteigerung sowie auf der Reduzierung der Rückenschmerzen im LWS-Bereich. Da dies noch eher unspezifische Äußerungen des Probanden sind, werden die Motive in Tabelle fünf konkretisiert, um einen direkten Transfer in messbare Ziele zu erhalten. Die hier gewählten Ziele ergeben sich immer aus einer Verbindung von Inhalt, Ausmaß und Zeit.

Tab. 5: Zielsetzung für den Probanden (eigene Darstellung)

Inhalt	Ausmaß	Zeit
Erhöhung der fettfreien Masse	1-2 Punkte (FFMI), was einem Körpergewicht von 68 kg ohne Fettanteil entspricht (6,8 kg mehr fettfreie Masse als zu Beginn des Makrozyklus)	6 Monate
Kraftzunahme	Kraftsteigerung in dem zu Beginn durchgeführten Mehrwiederholungskrafttest um 20 %	6 Monate
Senkung der Rückenschmerzen auf einer subjektiven Schmerzskala durch Kraftsteigerung bei ausgewählten Übungen für die Rumpfmuskulatur	Rückgang der Schmerzen um 3-4 Punkte auf einer subjektiven Schmerzskala von 1-10	6 Monate

Da dem Trainierenden eine Verbesserung des sportlichen Erscheinungsbildes wichtig ist, wird als Ziel die Erhöhung der fettfreien Masse festgelegt. Die Kraftzunahme wird anhand einer Kraftsteigerung um 20 % in dem zu Beginn absolvierten 20-RM-Test gemessen. Da die leichten Schmerzen im unteren Bereich des Rückens muskulär bedingt sind, soll durch eine Stärkung der Muskulatur in diesem Bereich der Schmerz um drei bis vier Punkte auf einer subjektiven Schmerzskala von eins bis zehn gesenkt werden.

3 Trainingsplanung Makrozyklus

3.1 Darstellung des Makrozyklus

Tab. 6: Makrozyklus (eigene Darstellung)

	Mesozyklus 1	Mesozyklus 2	Mesozyklus 3	Mesozyklus 4
Zyklusdauer	6 Wochen	6 Wochen	7 Wochen	7 Wochen
Spezifisches Trainingsziel	Kraftausdauer-training	Muskelaufbau-training (exten-siv)	Muskelaufbau-training (inten-siv)	Maximalkrafttrai-ning (extensiv)
Einheiten pro Woche	2-3 je 45 Minuten	2-3 je 45 Minuten	2-3 je 45 Minuten	2-3 je 45 Minuten
Organisations-form	Ganzkörpertrai-ning; Stations-training	Ganzkörpertrai-ning; Stations-training; freies Training	Ganzkörpertrai-ning; Stations-training; freies Training	Ganzkörpertrai-ning; Stations-training; freies Training
Übungen pro Muskelgruppe	1-3	1-3	1-3	1-3
Sätze pro Übung	2	2	2	2
Satzpause	60 Sekunden	60 Sekunden	60 Sekunden	90 Sekunden
Wiederholungs-zahl	20	12	8	5
Intensität	50-70 % ILB	50-70 % ILB	50-70 % ILB	50-70 % ILB
Bewegungs-tempo	2/0/2*	2/0/2*	2/0/2*	2/0/2*
* zwei Sekunden exzentrische Phase, 0 Sekunden Pause am Umkehrpunkt, zwei Sekunden konzentrische Phase				
Zur Ermittlung des optimalen Trainingsgewichts, wird vor jedem neuen Mesozyklus die X-RM-Testung erneut durchgeführt!				

3.2 Begründung der Trainingsmethoden

Der Makrozyklus wurde nach dem deduktiven Ansatz der Individuellen-Leistungsbild-Methode (ILB-Methode) geplant. Hier werden die Trainingsintensitäten über Lastvorga-ben gesteuert. Grund der Auswahl ist, dass der Proband noch als Beginner eingestuft wird und die ILB-Methode sich nicht nur für fortgeschrittene Kraftsportler eignet, sondern für alle Leistungs- und Trainingsstufen anwendbar ist (Strack & Eifler, 2005, S. 153). Das für den ersten Mesozyklus angesetzte Kraftausdauertraining soll den Probanden in erster

Linie auf die, im späteren Verlauf folgenden, höheren Trainingsintensitäten vorbereiten. Hier geht es primär um die Entwicklung einer Ermüdungswiderstandsfähigkeit und der Kraftausdauer (Güllich & Schmidtbleicher, 1999, S. 232). Des Weiteren sollen die spezifischen Bewegungsabläufe der einzelnen Übungen verinnerlicht werden. Der Fokus liegt verstärkt auf einem Muskelaufbau- also Hypertrophietraining. Hier ist das Ziel, anhand von submaximalen Belastungen einen Anstieg der Muskelmasse zu erreichen (Güllich & Schmidtbleicher, 1999, S. 229-230). Aufgrund der submaximalen Intensitäten ist der Proband am Ende des dritten Mesozyklus durchaus dazu bereit, ein Maximalkrafttraining durchzuführen. Hier wird unter anderem das Ziel der Kraftsteigerung durch Verbesserung der intra- und intermuskulären Koordination verfolgt (Güllich & Schmidtbleicher, 1999, S.230-231).

3.3 Begründung der Belastungsparameter

3.3.1 Grobraster zur Trainingsplanung (ILB-Methode)

Tab. 7: Grobraster zur Planung nach der ILB-Methode (modifiziert nach Strack & Eifler, 2005, S.153)

Leistungs-stufe	Zeitstufe in Monaten	Organisati-onsform	Häufigkeit pro Woche	Übungen pro Mus-kelgruppe	Sätze pro Übung	Intensität in % (X-RM Test)
Beginner	1,5-6	GK	2	1-2	1-2	50-70%

Die folgende Erläuterung der Belastungsparameter orientiert sich an den in Tabelle sieben aufgeführten Daten. Diese wurden aufgrund der Trainingsziele des Probanden leicht geändert.

3.3.2 Belastungshäufigkeit

Unter Belastungshäufigkeit wird in diesem Kontext die Anzahl der Trainingseinheiten pro Woche ausgedrückt. Nach der ILB-Methode werden für Beginner zwei Trainingseinheiten pro Woche angesetzt. Auch Wirth, Atzor und Schmidtbleicher (2007) konnten bei Einsteigern einen signifikanten Zuwachs an Muskelmasse bei zwei bis drei Trainingseinheiten pro Woche feststellen (S.178). Pro Muskelgruppe sollte also mindestens zwei Mal in der Woche ein Trainingsreiz gesetzt werden. Da der Trainierende im Eingangsgespräch einen übereinstimmenden Zeitrahmen angegeben hat, wird dieser so in den Plan übernommen.

3.3.3 Belastungsintensität

Für den Probanden wurde eine Belastungsintensität von 50-70 Prozent des maximalen Gewichtes für die jeweilige Wiederholungszahl des Mesozyklus festgesetzt. Eifler (2013) belegte durch seine Kraftstudie, dass durch submaximale Intensitäten eine signifikante Kraftsteigerung auszumachen ist (S. 248). Güllich und Schmidtbleicher (1999) weisen zudem nach, dass die submaximalen Trainingsintensitäten primär zu einer Hypertrophie der Muskulatur führen (S. 223).

3.3.4 Belastungsumfang

Im Kontext der Aufgabe wird unter dem Belastungsumfang die Anzahl der Übungen pro Muskelgruppe und die Sätze pro Übung in einer Trainingseinheit verstanden. Aus Erfahrungswerten ist zu entnehmen, dass ein Nettokrafttraining für Trainingsbeginner zwischen 30-60 Minuten völlig ausreichend ist. Längere Trainingseinheiten wären aufgrund einer nach ca. einer Stunde eintretenden erhöhten Produktion des Hormons Cortisol (Stresshormon) kontraproduktiv. Der Grund dafür ist, dass Cortisol im Gegensatz zu Testosteron nicht anabol, sondern katabol wirkt (Schleip, Buschmann & Bayer, 2016, Abschnitt 15, Teil 3). Um diesen Rahmen nicht zu überschreiten, werden ein bis zwei Übungen pro Muskelgruppe durchgeführt. Wolfe, LeMura und Cole (2004) kamen anhand ihrer Studie zu der Erkenntnis, dass ein Mehrsatztraining für Trainingsbeginner positive Auswirkungen auf die Kraftentwicklung hat. Somit werden zwei Sätze pro Übung in den Trainingsplan integriert.

3.3.5 Belastungsdichte

Die Belastungsdichte beschreibt im Krafttraining die Pausenzeiten zwischen den einzelnen Sätzen. Die Ruhezeiten zwischen den Einheiten müssen so gewählt werden, dass sich die beanspruchten Muskelgruppen ausreichen von der Belastung erholen können. In den Mesozyklen, die ein Kraftausdauertraining enthalten, werden nach den methodischen Grundsätzen des Krafttrainings Pausenzeiten von 60 Sekunden durchgeführt. Im Muskelaufbautraining werden ebenfalls 60 Sekunden und im Maximalkrafttraining nur 90 Sekunden angesetzt. Die verhältnismäßig kurzen Pausenzeiten sind durch die geringe Trainingsintensität sinnvoll.

3.4 Begründung der Organisationsform

Grundlegend können die Organisationsformen auf zwei Differenzierungsebenen aufgeteilt werden. Auf der ersten Ebene wird zwischen dem Stationstraining und dem Zirkeltraining unterschieden. Für den Probanden wurde ein Stationstraining in den Trainingsplan integriert. Laut Pauls (2015) ist im Krafttraining „das Stationstraining gegenüber dem Zirkeltraining als effektiver anzusehen" (S. 73). Alle Sätze für eine gewählte Muskelgruppe werden nacheinander durchgeführt. Erst im Anschluss erfolgt ein Gerätewechsel, um eine andere Muskelpartie zu trainieren. Daraus resultiert eine stärkere Erschöpfung der Muskulatur (Pauls, 2015, S. 73). Die Aussagen Pauls sind aufgrund des geplanten Mehrsatztrainings schlüssig. Auf der zweiten Differenzierungsebene wird zwischen Ganzkörpertraining und Split-Training unterschieden. Bei einem Ganzkörpertraining werden an einem Trainingstag die meisten Muskelgruppen zusammen trainiert (Tiogo, 2015, S.195). Im Gegensatz dazu wird bei einem Split-Training „das Training der verschiedenen Muskelgruppen auf verschiedene Wochentage verteilt" (Tiogo, 2015, S.195). Für ein aufgeteiltes Training würde man demnach mehr als zwei Tage in der Woche trainieren müssen, um das benötigte Trainingsvolumen abzudecken. Nachdem der Proband maximal 3 Tage in der Woche Zeit für ein Krafttraining aufbringen kann und jede Muskelgruppe mindestens zwei Mal wöchentlich beansprucht werden soll (siehe 3.3.1.), ist ein Ganzköpertraining in diesem Fall von Vorteil.

3.5 Begründung der Periodisierung

Für den Probanden wurde über den gesamten Verlauf des Makrozyklus eine klassische Periodisierung, auch lineare Periodisierung genannt, ausgewählt (Fröhlich, Müller, Schmidtbleicher & Emrich, 2009, S. 308). Diese erweist sich als effektiv hinsichtlich einer Kraftsteigerung (Prestes, Lima, Frollini, Donatto & Conte, 2008). Bei einer linearen Periodisierung werden während der Mesozyklen die Intensitäten progressiv gesteigert, während die Wiederholungszahlen gleichzeitig reduziert werden. Somit wird der Proband an höhere Intensitäten gewöhnt und steigert sich von einem umfangsorientierten Krafttraining (Kraftausdauertraining) hin zu einem intensitätsorientierten Krafttraining (Hypertrophie- und Maximalkrafttraining), was sowohl dem Muskelaufbau als auch dem Ziel der Kraftsteigerung dient. Des Weiteren bietet die klassische Periodisierung ein gesteigertes Maß an Abwechslung, was zu einer Aufrechterhaltung der Motivation des Trainierenden beiträgt.

4 Trainingsplanung Mesozyklus

4.1 Darstellung des Mesozyklus mit Übungsauswahl

Tab. 8: Mesozyklus (eigene Darstellung)

	Mikrozyklus 1	Mikrozyklus 2	Mikrozyklus 3	Mikrozyklus 4	Mikrozyklus 5	Mikrozyklus 6
Zyklusdauer	1 Woche	1 Woche	1 Woche	1 Woche	1 Woche	1 Woche
Spezifisches Trainingsziel	Kraftausdauertraining	Kraftausdauertraining	Kraftausdauertraining	Kraftausdauertraining	Kraftausdauertraining	Kraftausdauertraining
Einheiten pro Woche	3	3	3	3	3	3
Organisationsform	GK, Station	GK, Station	GK, Station	GK, Station	GK, Station	GK, Station
Übungen pro Muskelgruppe	1-3	1-3	1-3	1-3	1-3	1-3
Sätze pro Übung	2	2	2	2	2	2
Satzpause	60 Sekunden	60 Sekunden	60 Sekunden	60 Sekunden	60 Sekunden	60 Sekunden
Wiederholungszahl	20	20	20	20	20	20
Intensität	50% ILB	55% ILB	60% ILB	65% ILB	70% ILB	70% ILB
Bewegungstempo	2/0/2*	2/0/2*	2/0/2*	2/0/2*	2/0/2*	2/0/2*

* zwei Sekunden exzentrische Phase, 0 Sekunden Pause am Umkehrpunkt, zwei Sekunden konzentrische Phase

Tab. 9: Übungsauswahl für den Mesozyklus 1 (eigene Darstellung)

Übungen	Gewichtung Woche 1
1. Beinpresse sitzend	40kg
2. Kurzhantel-Schrägbankdrücken	8kg
3. Brustpresse horizontal	11kg
4. Latzug vertikal (weiter Obergriff, zur Brust)	15kg
5. Rudern horizontal an der Maschine	12,5kg
6. Rumpfextension Maschine	15kg
7. Rumpfflexion Maschine	11kg

4.2 Begründung der Übungsauswahl

Im ersten Abschnitt wird das übergeordnete Konzept der gewählten Übungen erläutert. Im Anschluss wird im Einzelnen auf diese eingegangen.

Betrachtet man die Übungsauswahl aus Tabelle neun, ist deutlich zu erkennen, dass hauptsächlich maschinengestützte Kraftübungen ausgewählt wurden. Der Vorteil der Übungsausführung an Maschinen besteht darin, dass eine genaue Standardisierung der Übungsausführung existiert und koordinative Prozesse nur einen geringen Einfluss auf die Kraftleistung haben (Baechle & Earle, 2008, S. 391). Die Übungen sind so schneller zu erlernen und eine fehlerhafte Ausführung ist unwahrscheinlicher. Aus pädagogischer Sicht erweist sich dies als vorteilhaft, da der Proband nur geringe Erfahrungen aufweist.

Des Weiteren enthält der Plan einen Anteil mit freien Gewichten im Rahmen eines geräte-gestützten Krafttrainings. Hierdurch lassen sich Bewegungsmuster aus dem Alltag so-wie dem Beruf leichter simulieren, was „das Lösen von Bewegungsaufgaben im Alltag einfacher" gestaltet (Hois & Ziegner, 2006, S.24). Zudem beruht die Auswahl primär auf mehrgelenkigen Übungen, da die menschliche Bewegung nach diesen und nicht nach ein-gelenkigen Bewegungen ausgerichtet ist (Hois & Ziegner, 2006, S. 24). Zudem „verbes-sert das mehrgelenkige Training die intermuskuläre Koordination und die Beweglichkeit" (Hois & Ziegner, 2006, S. 24). Unter dem Aspekt der Komplexität werden die mehrge-lenkigen Übungen den eingelenkigen Übungen vorangesetzt. Dies verfolgt das Ziel, eine Vorermüdung der beteiligten Synergisten zu vermeiden (Baechle et al., 2008, S. 391). Die Übungsauswahl weist einen geringfügig höheren Anteil an rückenbeanspruchenden Übungen im Vergleich zu den anderen Muskelgruppen auf. Durch diese wird die Rücken-beziehungsweise die Rumpfmuskulatur verstärkt, wodurch eine Reduzierung der Rü-ckenschmerzen erwartet wird.

Der Proband beginnt mit der Übung Beinpresse (sitzend). Beansprucht wird primär die Oberschenkelmuskulatur und der große Gesäßmuskel. Da Übungen mit freien Gewichten in der Ausführung noch zu komplex für den Probanden sind, fällt die Entscheidung auf ein geführtes Training an der Maschine. Da die Muskelgruppen der Beine einen großen Teil der Gesamtmuskulatur ausmachen, ist es wichtig, diese Übung als erste in den Plan zu integrieren. Somit kann der hohe Energiebedarf, den diese Übung abverlangt, gedeckt werden. Da es noch zu keiner Vorermüdung gekommen ist, ist zum einen die Motivation hoch und zum anderen ist noch kein Leistungsabfall der neuromuskulären Koordination gegeben. Als zweite Übung folgt das Kurzhantel Schrägbankdrücken. Diese wird vor der horizontalen Brustpresse aufgrund des höheren koordinativen Anspruchs durchgeführt. Die Übung kräftigt den großen Brustmuskel, den Trizeps, sowie den vorderen Anteil des Deltamuskels. Durch die Oberkörperspannung wird zudem die Rumpfmuskulatur mit beansprucht. Da der zu Trainierende in den acht Wochen des unspezifischen Trainings unter anderem Kurzhantelbankdrück-Übungen durchgeführt hat, ist ihm die korrekte koordinative Ausführung der freien Übung mit Kurzhanteln zuzutrauen. Im Anschluss folgt die an der Maschine ausgeführte Brustpresse (horizontal), an welcher der große Burstmuskel, der Trizeps, sowie der vordere und mittlere Anteil des Deltamuskels beansprucht werden. Da der Proband in den Übungen für den Oberkörper durch sein achtwöchiges Training vor der Beratung geübter ist als in denen für den Unterkörper, sind mehrere Übungen pro Trainingseinheit bereits sinnvoll. Als erste Rückenübung wird der Latzug zur Brust mit Obergriff am Kabelzug durchgeführt. Hier wird die Rückenmuskulatur, die Muskulatur des Armbeugers und der hintere Anteil des Deltamuskels gestärkt. Aufgrund der zu geringen Trainingserfahrung und des fehlenden Kraftanteils wurde von Klimmzügen im breiten Griff abgesehen und eine gerätegestützte Übung aufgenommen. Als nächste Übung wird Rudern an der Rudermaschine (horizontal, enger neutraler Griff) durchgeführt. Neben den bereits durch den Latzug beanspruchten Muskelanteilen des Rückens, wird durch das Rudern die Rückenmuskulatur im oberen Bereich vervollständigt beansprucht. Des Weiteren kommt es zu einer erneuten Belastung der Armbeugermuskulatur. Da mit dem Latzug am Kabel bereits ein koordinativ höherer Reiz gesetzt wurde, wird das Rudern an der Maschine als zweite Rückenübung durchgeführt. Anschließend soll der Proband eine Rumpfextension an der Maschine ausführen. Unter anderem soll diese Übung zu einer Schmerzreduktion im Lendenwirbelbereich führen. Dies wird durch eine Stärkung der rumpfstabilisierenden Muskeln erreicht. Hier wird primär die autochthone Rückenmuskulatur gestärkt und gekräftigt. Laut Diemer & Sutor (2007) ist es sinnvoll, diese Übung dynamisch an einer Maschine auszuführen, da ein rein statisches Training der Rumpfmuskulatur für eine Hypertrophie nicht ausreicht (S. 175). Würde eine stärkere Ausprägung der Schmerzen im LWS-Bereich vorhanden sein, wäre es von Nöten, eine zusätzliche statische Übung für die Rumpfmuskulatur in den Plan zu integrieren. Da die Schmerzreduktion jedoch nicht das primäre Ziel ist, wird in diesem Fall darauf verzichtet.

Die Rumpfflexion an der Maschine wird als letzte Übung durchgeführt, da aufgrund der Muskelgröße ein geringerer Energie- und Konzentrationsbedarf besteht. Primär beansprucht wird hier die Bauchmuskulatur. Die Übung an der Maschine erweist sich als vorteilhaft, da durch eine verstellbare Gewichtung die Intensität des Trainings beeinflusst werden kann.

5 Effekte des Krafttrainings bei Rückenbeschwerden

5.1 Studiendarstellung

Da der in dieser Arbeit benannte Proband Schmerzen im Bereich des Rückens aufweist, ist es sinnvoll, zwei Studien zu veranschaulichen, die sich mit dem Thema Krafttraining bei Rückenbeschwerden befassen.

Tab. 10: Wissenschaftliche Studien zum Thema „Effekte des Krafttrainings bei Rückenschmerzen" (eigene Darstellung)

Titel	„Krafttraining bei chronischen lumbalen Rückenschmerzen. Ergebnisse einer Längsschnittstudie"	„Effekte maschinengestützten Krafttrainings in der Behandlung chronischen Rückenschmerzens"
Autoren	Goebel S., Stephan A., Freiwald J.	Stephan A., Goebel S., Schmidtbleicher D.
Publizierung	2005	2011
Proban-den/Stichprobe	69 Probanden in einer medizinischen Kräftigungstherapiegruppe mit einer zusätzlichen Kontrollgruppe von 33 Personen. Alle Personen sind chronische Rückenschmerzpatienten. Die Probanden der med. Kräftigungstherapiegruppe (MKT) wurden in sechs kooperierenden MKT-Praxen rekrutiert. Die Kontrollgruppe ergibt sich aus Patienten eines betriebsärztlichen Zentrums und vier orthopädischen Arztpraxen. (Goebel, Stephan & Freiwald, 2005, S. 389).	58 Probanden in der Trainingsgruppe mit einer zusätzlichen Kontrollgruppe von 16 Personen (alle volljährig und deutsch). Die teilnehmenden Personen weisen überwiegend Rückenschmerzen, hauptsächlich in der Lendenwirbelsäule, im Chronifizierungsstadium eins mit moderatem Schmerzniveau auf (Stephan, Goebel & Schmidtbleicher, 2011, S. 70).
Versuchsaufbau	Das Messverfahren wurde anhand eines Patientenfragebogens durchgeführt. Dieser enthielt Items zu folgenden Bereichen: subjektive Gesundheit, Funktionskapazität Rücken, Einschätzung Rückenschmerz, Einschätzung der Arbeitsfähigkeit, Angaben zu Krankheitskosten. Die Untersuchung	Alle Probanden wurden über Medien geworben. Die Untersuchung fand über einen Zeitraum von 6 Monaten statt. Die 58 Personen der Trainingsgruppe absolvierten „ein progressives hypertrophieorientiertes Krafttraining an Trainingsmaschinen mit variablem Widerstand" (Stephan et al., 2011, S. 70). Die

	fand über einen Zeitraum von 12 Monaten statt. Die MKT Gruppe absolvierte zusätzlich im Durchschnitt 12 Behandlungseinheiten. Die Kontrollgruppe nahm neben den üblichen Behandlungen durch Arzt und Physiotherapeut an keinem speziellen Krafttraining oder an weiteren systematischen Interventionen teil (Goebel et al., 2005, S.389-399).	Trainingsgruppe wurde in den ersten drei Einheiten von ausgebildetem Personal eingewiesen. Sämtliche großen Muskelgruppen des Körpers wurden in den Trainingsplan integriert. Die Kontrollgruppe erhielt keine Trainingsmaßnahmen für die folgenden 6 Monate. Dem Messverfahren dienen zwei Schmerzskalen. Zusätzlich wurde die Maximalkraft der Lumbalextensoren gemessen (Stephan et al., 2011, S. 70-71).
Ergebnisse und Schlussfolge-rungen	Nach dem Untersuchungsjahr gaben 13% der MKT-Schmerzpatienten an, schmerzfrei zu sein. Des Weiteren „zeigte die MKT-Gruppe gegenüber der konventionell behandelten Kontrollgruppe bei fast allen Parametern bessere Ergebnisse" (Goebel et al., 2005, S. 391). Innerhalb beider Gruppen wurde eine Verringerung des Rückenschmerzes festgestellt. Die MKT-Gruppe wies zudem eine Verbesserung der Funktionskapazität des Rückens auf. Die kann möglicherweise auf das höhere Kraftniveau der lumbalen Rückenmuskulatur aufgrund des Krafttrainings zurückgeführt werden (Goebel et al., 2005, S. 391-392).	20 Personen der Trainingsgruppe und 6 Personen in der Kontrollgruppe gaben an, keine Schmerzen mehr zu haben. Schlussfolgernd eignet sich ein selbstständiges Ganzkörperkrafttraining bei Personen mit chronischem Rückenschmerz im Anfangsstadium um das Schmerzniveau zu senken. Des Weiteren kann das Beeinträchtigungserleben reduziert, die körperliche Inaktivität überwunden und Kraft aufgebaut werden (Stephan et al., 2011, S. 73).

6 Literaturverzeichnis

Baechle, T. R. & Earle, R. W. (Hrsg.). (2008). *Essentials of Strength Training and Conditioning.* Champaign, IL: Human Kinetics.

Diemer, F. & Sutor, V. (2007). *Praxis der medizinischen Trainingstherapie* (Physiofachbuch). Stuttgart: Thieme.

Eifler, C. (2013). *Empirische Überprüfung der Effekte verschiedener Ansätze zur Intensitätssteuerung im fitnessorientierten Krafttraining.* Dissertation. Universität des Saarlandes, Saarbrücken. Zugriff am: 28.06.2019. Verfügbar unter https://d-nb.info/1053682964/34

Fröhlich, M., Müller, T., Schmidtbleicher, D. & Emrich, E. (2009). Outcome-Effekte verschiedener Periodisierungsmodelle im Krafttraining. *Deutsche Zeitschrift für Sportmedizin,* 60 (10), 307-314. Zugriff am: 28.06.2019. Verfügbar unter https://www.germanjournalsportsmedicine.com/fileadmin/content/archiv2009/heft10/gisa-pdfe/originalia_froehlich_1009.pdf

Gallagher, D., Heymsfield, S.B., Heo, M., Jebb, S.A., Murgatroyd, P.R. & Sakamoto, Y. (2000). Healthy percentage body fat ranges: an approach for developing guidelines based on body mass index. *The American Journal of Clinical Nutrition,* 72 (3), 694-701. Zugriff am: 28.06.2019. Verfügbar unter https://academic.oup.com/ajcn/article/72/3/694/4729363

Goebel, S., Stephan, A. & Freiwald, J. (2005). Krafttraining bei chronischen lumbalen Rückenschmerzen. Ergebnisse einer Längsschnittstudie. *Deutsche Zeitschrift für Sportmedizin,* 56 (11), 388-392. Zugriff am: 28.06.2019. Verfügbar unter https://www.germanjournalsportsmedicine.com/fileadmin/content/archiv2005/heft11/388-392.pdf

Güllich, A. & Schmidtbleicher, D. (1999). Struktur der Kraftfähigkeiten und ihrer Trainingsmethoden. *Deutsche Zeitschrift für Sportmedizin,* 50 (7,8), 223-234. Zugriff am: 28.06.2019. Verfügbar unter https://www.researchgate.net/profile/Arne_Guellich/publication/228118054_Struktur_der_Kraftfahigkeiten_und_ihrer_Trainingsmethoden/links/00b495313f40a57ba6000000/Struktur-der-Kraftfaehigkeiten-und-ihrer-Trainingsmethoden.pdf

Hois, G. & Ziegner, A. (2006). Grundlagen des mehrgelenkigen Trainings in Theorie und Praxis. *Bewegungstherapie und Gesundheitssport,* 22, 18-25. Zugriff am: 28.06.2019.

Verfügbar unter http://www.faq3.de/OrganizeMe/training/pdf/Mehrgelenkiges_Auf-bautraining.pdf

Mancia, G., Fagard, R., Narkiewicz, K., Redòn, J., Zanchetti, A., Böhm, M. et al. (2013). 2013 ESH/ESC Guidelines for the management of arterial hypertension. The task force for the management of arterial hypertension of the European Society of Hy-pertension (ESH) and of the European Society of Cardiology (ESC). *Journal of hyper-tension*, 31 (7), 1281–1357. Zugriff am: 28.06.2019. Verfügbar unter https://acade-mic.oup.com/eurheartj/article/34/28/2159/451304

Niebauer, J. (2015). *Sportkardiologie*. Berlin Heidelberg: Springer-Verlag.

Pauls, J. (2015). *Das große Buch vom Krafttraining* (2. überarbeitete Neuauflage). Grün-wald: Stiebner Verlag.

Prestes, J., Lima, C. de, Frollini, A. B., Donatto, F. F. & Conte, M. (2008). Comparison of linear and reverse linear Periodization effect on maximal strength and body compo-sition. *Journal of Strength and Conditioning Research,* 23 (1), 266-274. Zugriff am: 28.06.2019. Verfügbar unter https://journals.lww.com/nsca-jscr/Fulltext/2009/01000/Comparison_of_Linear_and_Reverse_Linear.39.aspx

Schleip, R., Buschmann, B. & Bayer, J. (2016). *Faszien-Krafttraining: Optimal Muskeln aufbauen, die Figur definieren und Verletzungen vorbeugen – das neue Gerätetraining nach dem Panther-Prinzip*. München: Riva Verlag.

Schutz, Y., Kyle, U.U.G. & Pichard, C. (2002). Fat-free mass index and fat mass index percentiles in Caucasians aged 18-98 y. *International Journal of Obesity,* 26 (7), 953-960. Zugriff am: 28.06.2019. Verfügbar unter https://www.nature.com/artic-les/0802037.pdf

Stephan, A., Goebel, S. & Schmidtbleicher, D. (2011). Effekte maschinengestützten Krafttrainings in der Behandlung chronischen Rückenschmerzes. *Deutsche Zeitschrift für Sportmedizin,* 62 (3), 69-74. Zugriff am: 28.06.2019. Verfügbar unter https://www.germanjournalsportsmedicine.com/fileadmin/content/ar-chiv2011/heft03/pdf_3_2011/originalia_stephan_01.pdf

Strack, A. & Eifler, C. (2005). The individual lifting performance method (ILP). A practical method for fitness- and recreational strength training. In J. Gießing, M. Fröhlich % P. Preuss (eds.), *Current results of strength training research* (pp. 153-163). Göttingen: Cuvillier. Zugriff am: 28.06.2019. Verfügbar unter https://books.google.de/books?hl=de&lr=&id=VpEGDE-

ZiXOYC&oi=fnd&pg=PA153&dq=Strack,+A.+%26+Eifler,+C.+(2005).+The+indi-
vidual+lifting+performance+me-
thod+(ILP).&ots=puc8XWXG0X&sig=BS6VzVL4X-
0iBu7h1TEV4_MnFYA#v=onepage&q&f=false

Tiogo, M. (2015). *MuskelRevolution. Konzepte und Rezepte zum Muskel- und Kraftauf-bau.* Berlin Heidelberg: Springer-Verlag.

Wirth, K., Atzor, K., R. & Schmidtbleicher, D. (2007). Veränderung der Muskelmasse in Abhängikeit von Trainingshäufigkeit und Leistungsniveau. *Deutsche Zeitschrift für Sportmedizin,* 58 (6), 178-183. Zugriff am: 28.06.2019. Verfügbar unter https://www.germanjournalsportsmedicine.com/fileadmin/content/ar-chiv2007/heft06/178-183.pdf

Wolfe, B. L., Le Mura, L. & Cole, P. J. (2004). Quantitative analysis of single- vs. mul-tiple-set programs in resistance training. *Journal of Strength and Conditioning Re-search,* 18 (1), 35-47. Zugriff am: 28.06.2019. Verfügbar unter https://www.ncbi.nlm.nih.gov/pubmed/14971985

Zimmer, M. (1999). *Entwicklung und Erprobung eines Mehrwiederholungstests zur Er-fassung der Kraftleistung im Fitneß-Training.* Unveröffentlichte Diplomarbeit. Uni-versität des Saarlandes, Saarbrücken.

7 Tabellenverzeichnis

Tab. 1: Allgemeine und biometrische Daten des Trainierenden (eigene Darstellung) 3

Tab. 2: Blutdruckklassifikationen modifiziert nach Mancia et al. (2013, S. 1286).......... 4

Tab. 3: Interpretation der FFMI Werte nach Schutz, Kyle & Pichard (2002)................. 4

Tab. 4: Mehrwiederholungskrafttest des Kunden (eigene Darstellung)........................ 7

Tab. 5: Zielsetzung für den Probanden (eigene Darstellung)............................ 8

Tab. 6: Makrozyklus (eigene Darstellung)... 9

Tab. 7: Grobraster zur Planung nach der ILB-Methode (modifiziert nach Strack & Eifler, 2005, S.153) 10

Tab. 8: Mesozyklus (eigene Darstellung)... 13

Tab. 9: Übungsauswahl für den Mesozyklus 1 (eigene Darstellung)........................... 14

Tab. 10: Wissenschaftliche Studien zum Thema „Effekte des Krafttrainings bei Rückenschmerzen" (eigene Darstellung) 17